ITALO GISON

MARKETING CON I QR CODE

Strumenti e Strategie per Creare Campagne di Marketing Efficaci e Innovative per Vendere Prodotti e Servizi

Titolo

"MARKETING CON I QR CODE"

Autore

Italo Gison

Editore

Bruno Editore

Sito internet

http://www.brunoeditore.it

Sommario

Introduzione

Cosa sono i QR Code? Come funzionano? Come possono rendere molto più efficaci le tradizionali campagne di marketing? Quali sono le strategie migliori per creare e vendere servizi di Offline Marketing? A questi e tanti altri interrogativi troverai risposte durante la lettura di questo corso.

Il QR Code Marketing può essere considerato il collegamento tra l'offline marketing e il mobile marketing. L'offline marketing comprende, come si deduce dal nome, metodi diversi rispetto all'Internet marketing e normalmente impiega oggetti fisici come brochure, volantini, giornali, riviste, cartelloni, biglietti da visita ecc. Il mobile marketing è il marketing di prodotti o servizi su dispositivi mobili, quali telefoni cellulari, palmari, smartphone e tablet. Generalmente esso sfrutta i brevi messaggi di testo chiamati SMS o pagine web costruite per essere visualizzate su questi dispositivi (le versioni mobile dei siti web) che quindi possono ospitare specifici formati pubblicitari, come i banner di display advertising. Il QR Code marketing rende il marketing convenzionale più efficace e soprattutto misurabile grazie al tracking, cioè il monitoraggio delle visite ai contenuti mobile. Inoltre i servizi che si possono offrire migliorano la customer relationship e incrementano il ROI delle attività commerciali.

Questo corso è studiato come un percorso che ti aiuterà ad acquisire sia le conoscenze basilari sia quelle più avanzate e meno note sui QR Code. Inoltre imparerai come scegliere i servizi più adatti in base al target di mercato cui ti rivolgi e le strategie vincenti per vendere servizi con i QR Code. Questa guida è adatta sia se hai già un'attività di marketing avviata con un tuo parco clienti, sia se desideri iniziare un'attività da zero. Infatti, potrai scegliere se offrire nuovi servizi ai tuoi clienti già esistenti oppure se approcciare nuovi clienti cui proporre la tua offerta di servizi innovativi.

Ti consiglio di rileggere più volte questo libro soffermandoti su ogni punto e mettendo in pratica i vari insegnamenti seguendo le mie indicazioni. Solo così potrai acquisire confidenza con gli strumenti che hai a disposizione e il tuo approccio ai clienti sarà vincente. I tuoi interlocutori si accorgono se sai di cosa stai parlando o meno e non esiteranno a farti domande di approfondimento su ciò che gli proponi. Ricorda che le persone non acquistano se non hanno fiducia nel venditore! Dopo aver letto questo corso avrai imparato tutti i segreti dei QR Code, dove collocarli per dar loro un'ottima visibilità, come fare il tracking delle visite e tutte le strategie per avere da subito successo nel marketing locale affermandoti come esperto di offline e QR Code marketing.

È arrivato il momento di iniziare, buona lettura e soprattutto buona pratica!

CAPITOLO 1:
Come usare i QR Code

Cosa sono i QR Code

Per prima cosa capiamo cosa sono i QR Code e perché si chiamano così. QR Code deriva dalla lingua inglese e significa *Quick Response Code* che, tradotto letteralmente, significa "codice a risposta rapida". Il motivo di questo nome è l'immediatezza della sua decodifica tramite apparecchiature ottiche come lettori di codici a barre particolari, ma soprattutto tramite gli ormai diffusi smartphone e tablet.

A prima vista i codici QR possono sembrare dei francobolli composti da tanti segni grafici indecifrabili che però nascondono una piccola rivoluzione nel campo della comunicazione multimediale. Essi, infatti, sono un'evoluzione dei classici codici a barre. Mentre i tradizionali codici a barre sono monodimensionali, i QR Code sono codici a barre bidimensionali, ovvero utilizzano due dimensioni di codifica.

Per capirci meglio vediamo il seguente confronto:

SEGRETO n. 1: i QR Code sono codici a barre bidimensionali, ovvero utilizzano due dimensioni per la codifica invece che una sola come fanno i codici a barre tradizionali.

I QR Code nascono nel 1994 per conto di Denso Wave, con lo scopo di soddisfare la tracciabilità dei pezzi di automobili nelle fabbriche di Toyota: la finalità era di contenere una molteplicità di informazioni maggiore rispetto al codice a barre. L'applicazione immediata per la gestione delle scorte a livello industriale e dall'inizio degli anni 2000, dopo il rilascio della tecnologia QR Code con licenza libera, ha preso piede dapprima in Giappone e poi nel resto del mondo con declinazioni in svariati campi. Il QR Code oggi è una tecnologia in grande sviluppo e la sua affermazione segue da vicino le sempre più numerose applicazioni del mobile nella vita quotidiana e il pervasivo diffondersi di smartphone dotati di fotocamere evolute. Uno dei motivi per cui i QR Code si stanno diffondendo maggiormente rispetto ad altri tipi di codici simili come quelli proprietari di Microsoft, gli MS Tag, è che i QR Code sono a licenza libera, il che significa che tutti possono utilizzarli senza limitazione.

I codici bidimensionali possono memorizzare fino a 4296 caratteri di testo oppure 3 kB e sono leggibili da qualsiasi telefono cellulare di ultima generazione o smartphone dotato di fotocamera (per eseguire la scansione), di software dedicato installato (per l'effettiva lettura del codice) e di una connessione Internet attiva per l'utilizzo del contenuto.

SEGRETO n. 2: i QR Code possono contenere fino 4296 caratteri di testo oppure 3 kB e sono leggibili da qualsiasi telefono cellulare di ultima generazione o smartphone dotato di fotocamera.

Come leggere i QR Code

Vediamo ora come si legge praticamente un QR Code. Quello che ti serve è:

1. **Uno smartphone o tablet (con fotocamera)**: per leggere un QR Code è necessario avere un telefono cellulare in grado di utilizzare un software di decodifica. Questi tipi di telefoni possono scaricare e installare applicazioni, navigare in Internet e hanno una fotocamera. I dispositivi più comuni di questo genere sono iPhone/iPad di Apple, Android o BlackBerry.
2. **Un'applicazione apposita**: esistono molte applicazioni gratuite che possono effettuare la decodifica dei QR Code e funzionano tutte in maniera molto simile tra loro. Queste applicazioni prendono il nome di QR scanner o QR Code reader e si possono trovare sui più famosi market online di applicazioni come Google Play di Android e App Store di Apple.
3. **Una connessione a Internet 3G o Wi-Fi**: per sfruttare tutte le potenzialità dei QR Code è necessario avere a disposizione una connessione Internet per utilizzare i link contenuti all'interno dei QR Code. Oggi la maggior parte dei possessori di uno smartphone ha a disposizione anche la connessione 3G,

altrimenti si può usare quella della Wi-Fi di casa, dell'ufficio o gli hotspot pubblici.

SEGRETO n. 3: per leggere il contenuto di un QR Code sono necessari uno smartphone o tablet con fotocamera, un'applicazione QR Code reader gratuita e una connessione a Internet (3G o Wi-Fi).

Ora vediamo insieme i vari passi per eseguire la scansione di un QR Code. Se già lo sai fare puoi passare direttamente al paragrafo successivo.

Per prima cosa, assicurati di avere installato sul tuo smartphone o tablet un QR Code reader. Se non hai ancora un'applicazione installata sul tuo telefono cellulare apri il browser del tuo telefono e inserisci il seguente indirizzo: getscanlife.com. Il sito riconosce il modello del tuo cellulare e ti permette di scaricare direttamente l'applicazione adatta per il tuo dispositivo. Sarà visualizzata una schermata come la seguente:

Ti basterà quindi toccare il bottone ben visibile al centro della pagina per iniziare la procedura di download e di installazione dell'applicazione. Ti segnalo altre applicazioni gratuite in base alla tipologia di dispositivo:

iPhone o iPad Apple

- QR Scanner
- QR Reader

Android

- QR Droid
- Barcode Scanner

BlackBerry

- BeeTagg
- UpCode

Una volta fatto questo avvia l'applicazione in grado di leggere i QR Code. A titolo di esempio ho utilizzato l'applicazione QR Droid, ma i passi sono molto simili anche per le altre applicazioni. Questa è la schermata che avrai sul tuo smartphone:

Inquadra il seguente QR Code puntando la fotocamera su di esso:

Otterrai una situazione come questa:

Dopo pochi secondi l'applicazione sarà in grado di decodificare il codice fornendo il contenuto del QR Code in una schermata come la seguente:

Come vedi il QR Code contiene il link al sito www.autostima.net. Ora puoi cliccare direttamente sul link mostrato dall'applicazione e il tuo smartphone andrà sul sito selezionato. Non è fantastico? Le URL sono solo uno dei possibili contenuti che possono essere inseriti in un QR Code, come vedremo nel capitolo successivo quando ti mostrerò come creare i QR Code.

SEGRETO n. 4: esistono tante applicazioni free per leggere i QR Code, basta cercare nell'application store del proprio telefono le parole chiave "QR Code reader" o "QR Code scanner".

Quali azioni possono essere fatte attraverso i QR Code?

Come anticipato alla fine del precedente paragrafo, indirizzare chi legge il QR Code su un sito Internet tramite una specifica URL è solo una delle innumerevoli azioni che si possono indurre. Di seguito è riportata una lista delle azioni che si possono eseguire:

- vedere un sito web, possibilmente di tipo mobile, attraverso una landing page;
- avviare una telefonata a un numero prestabilito;
- inviare un SMS a un numero preimpostato;

- inviare un'email;
- inviare un tweet tramite Twitter;
- inviare un like tramite Facebook;
- vedere un messaggio di testo che contenga informazioni aggiuntive o un'offerta speciale;
- aggiungere un nuovo contatto in rubrica tramite una vCard;
- vedere una posizione su Google Maps utilizzando anche il GPS;
- vedere un profilo su un social network;
- avere accesso a una rete Wi-Fi;
- effettuare un pagamento tramite cellulare, ad esempio tramite PayPal;
- salvare un evento sul proprio calendario;
- tante altre cose che puoi inventare tu stesso!

Come avrai capito le potenzialità dei QR Code sono davvero tantissime e l'unico limite è la tua fantasia e creatività. Collegare il mondo reale con il mondo online grazie ai dispositivi mobili apre tanti scenari interattivi, tutti da provare e da scoprire.

SEGRETO n. 5: tramite i codici QR il mondo online si collega con quello offline ed è possibile indurre gli utenti a fare tante azioni utili per le tue campagne di QR Code marketing.

I QR Code sono free

Una cosa importante che vorrei sottolineare sui QR Code è che possono essere utilizzati da tutti senza restrizioni. Infatti, oltre ai codici QR esistono altri codici che permettono di effettuare azioni simili come gli MS Tag, di cui riporto un'immagine:

A parte una questione di licenze (tema importante ma che non tratterò in questa sede) vorrei segnalare che sia per creare, sia per utilizzare gli MS Tag è necessario adottare delle piattaforme proprietarie di Microsoft, mentre per i QR Code è possibile utilizzare illimitati generatori di QR Code online proprio come vedremo nel prossimo capitolo.

RIEPILOGO DEL CAPITOLO 1:

- SEGRETO n. 1: I QR Code sono codici a barre bidimensionali, ovvero utilizzano due dimensioni per la codifica invece che una sola come fanno i codici a barre tradizionali.
- SEGRETO n. 2: I QR Code possono contenere fino 4296 caratteri di testo oppure 3 kB e sono leggibili da qualsiasi telefono cellulare di ultima generazione o smartphone dotato di fotocamera.
- SEGRETO n. 3: Per leggere il contenuto di un QR Code sono necessari uno smartphone o tablet con fotocamera, un'applicazione QR Code reader gratuita e una connessione a Internet (3G o Wi-Fi).
- SEGRETO n. 4: Esistono tante applicazioni free per leggere i QR Code, basta cercare nell'application store del proprio telefono le parole chiave "QR Code reader" o "QR Code scanner".
- SEGRETO n. 5: Tramite i codici QR il mondo online si collega con quello offline ed è possibile indurre gli utenti a fare tante azioni utili per le tue campagne di QR Code marketing.

CAPITOLO 2:
Come creare i QR Code

Quante informazioni inserire nei QR Code

Ora vediamo come puoi tu stesso, in pochi secondi, creare un QR Code con il contenuto che più ti piace. Ti ricordo che in un QR Code è possibile inserire moltissime informazioni tanto che, nominalmente, potresti creare codici che contengono fino a 4096 caratteri.

È da tener presente, però, che più contenuti inserisci nel codice QR più la sua decodifica da parte delle applicazioni in grado di leggerlo diventa complessa. In parole povere più caratteri sono presenti nel codice e più l'utente finale avrà difficoltà a leggere il QR Code dal proprio smartphone o tablet. Per capirci meglio ti riporto il confronto tra due codici: il primo contiene dieci caratteri, mentre il secondo ne contiene 256.

10 caratteri

256 caratteri

Puoi vedere già a un primo sguardo come visivamente il secondo appaia più complesso del primo. Ora prova a far leggere i due codici dal tuo smartphone. Come ti sarai accorto la lettura del primo codice, quello da dieci caratteri, è molto più veloce di quella del secondo. Ora fai un'altra prova ancora, prova a leggere i codici a una distanza dallo schermo o dal foglio su cui si trovano i codici pari a circa quaranta centimetri. Ti può capitare di riuscire a leggere il primo mentre il secondo non viene letto (questo dipende molto dalla grandezza del tuo schermo o del foglio su cui sono stampati i codici) oppure che il primo codice è letto più rapidamente del secondo. Ora pensa a un utente che si trova per strada e vede un QR Code su un manifesto.

Se prova a fare la scansione e non riesce a farla rapidamente molto probabilmente lascerà stare e andrà oltre, quindi il segreto per creare dei QR Code efficaci è di mantenere basso il numero di caratteri contenuti nel codice (di norma conviene inserire meno di venti caratteri) e di mantenere le dimensioni del codice sufficientemente grandi così da rendere agevole la scansione. Ovviamente non è possibile dare dei valori assoluti sulle dimensioni poiché dipende dal supporto su cui si trovano i codici e dalla distanza tra il QR Code e il lettore. Va da sé che se il codice si trova su un manifesto deve essere più grande rispetto a quello che si trova su un volantino o su un biglietto da visita.

SEGRETO n. 6: mantieni il contenuto inserito nel QR Code più breve possibile, non oltre i venti caratteri, per rendere la scansione più semplice e veloce da parte degli utenti.

Quali strumenti usare per creare i QR Code

I QR Code possono essere generati con tantissimi strumenti gratuiti che puoi trovare facilmente online. Basta effettuare una ricerca su Google scrivendo "QR Code Generator" e troverai centinaia di risultati utili. Per comodità ti segnalo alcuni generatori di QR Code che normalmente io stesso utilizzo e che ritengo molto comodi e soprattutto completi. Eccone alcuni:

- Azonmedia;
- Unitaglive;
- Esponce;
- QR Stuff.

Ora vediamo insieme passo per passo come generare un codice analizzando anche le varie opzioni relative alle caratteristiche più importanti cui prestare attenzione quando si crea un QR Code per campagne di mobile marketing.

SEGRETO n. 7: per generare i QR Code puoi utilizzare dei tool gratuiti sul web. Basta digitare "QR Code Generator" su qualsiasi motore di ricerca per ottenere tanti risultati utili.

Tra i generatori free che ho sperimentato, ho selezionato quello di Azonmedia perché, oltre a essere completo e intuitivo, permette di personalizzare facilmente i codici modificando l'aspetto grafico. Iniziamo a conoscere questo QR Code generator. Clicca sul seguente link usando il tuo PC. In figura è mostrata la pagina web che ora dovresti vedere sullo schermo del tuo PC:

Per rendere la descrizione più scorrevole ho suddiviso la schermata del generatore in quattro aree principali contraddistinte dalle lettere A, B, C, D, come mostrato nella seguente figura:

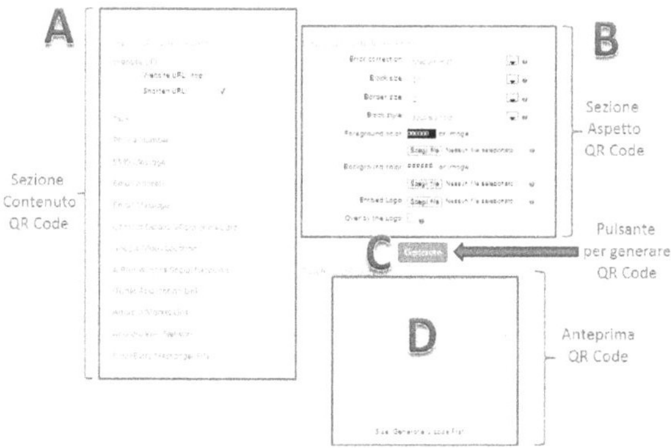

A. È la sezione dedicata al contenuto del QR Code;

B. È la sezione dedicata all'aspetto grafico del QR Code;

C. È il pulsante su cui cliccare per generare il QR Code;

D. È il riquadro che mostra l'anteprima del QR Code generato.

Per familiarizzare subito con il tool inserisci nell'area A, dove trovi il campo website URL indicato in figura, l'URL del tuo sito web o di un sito a tuo piacere.

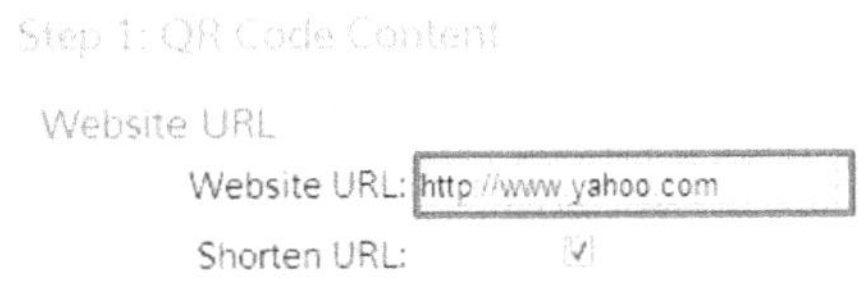

Nell'esempio in figura è stato inserito a titolo di esempio il noto sito http://www.yahoo.com. Ora clicca sul pulsante con la scritta *Generate* nell'area che vedi in figura indicata con C:

Come puoi vedere nell'area D è comparso proprio il tuo QR Code. Ritornando all'area A puoi notare una casellina contrassegnata con la scritta *Shorten URL*. Questa di default risulta spuntata e significa che automaticamente il tool di generazione dei QR Code trasformerà il tuo indirizzo web in una URL più breve. In generale questo meccanismo è stato ideato per trasformare URL lunghe in URL più brevi, così da rendere i QR Code generati più leggibili dagli smartphone. In seguito vedremo che le short URL sono usate anche per tracciare gli accessi ai codici. Per il momento sappi che se togli la spunta a questa casellina la tua URL sarà codificata in formato esteso, cioè come tu la scrivi. Per intenderci, nel nostro caso specifico avremo:

SEGRETO n. 8: alcuni QR Code generator come Azonmedia permettono di generare short URL, ovvero URL più brevi per rendere la scansione del codice più semplice e per effettuare il tracking dei codici.

Continuiamo ora a esaminare i contenuti che possiamo codificare. Come puoi vedere, oltre al website URL sono disponibili tante altre voci che corrispondono alle varie tipologie di contenuto che possiamo inserire nei QR Code. Ogni tipo di contenuto permetterà di far eseguire all'utente un'azione differente. Ecco i tipi di contenuti disponibili sul generatore di Azonmedia:

- website URL;
- text;
- phone number;
- SMS message;
- email address;
- email message;
- contact details (vCard or meCard);
- Google Maps location;
- a profile in the social networks;
- update Twitter status;

- YouTube video for iPhone;
- iTunes application link;
- Android market link;
- Android Wi-Fi network;
- BlackBerry Messanger PIN.

Come vedi i tipi a disposizione sono tanti e pensa che non sono nemmeno tutti quelli possibili. Spiegare il funzionamento di ogni tipologia sarebbe una cosa lunga e non troppo interessante per te, quindi mi soffermo solo su alcuni contenuti che possono tornarti utili per progettare le tue campagne di QR Code marketing. Tralasciando il website URL, che ormai dovrebbe essere per te un'informazione acquisita, passiamo ai successivi.

Text: permette di inserire del semplice testo come una frase promozionale, un codice coupon o ciò che ritieni più opportuno.

Phone number: permette di inserire un numero di telefono. In questo caso il dispositivo mobile degli utenti, dopo avere effettuato la scansione, riconoscerà che nel codice è presente un numero telefonico e ti permetterà di eseguire direttamente una telefonata o di salvarlo in rubrica. Questo contenuto è utile per completare un servizio di call center, di promozione o di prenotazione telefonica.

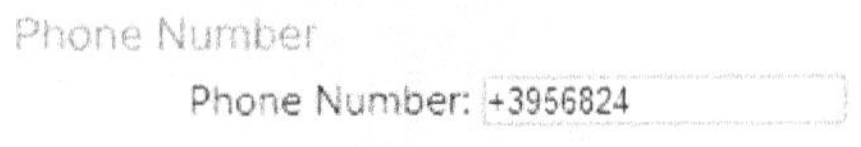

Phone Number
Phone Number: +3956824

SMS message: permette di inserire sia il numero di telefono cui inviare un SMS che il testo del messaggio.

SMS Message
To Phone Number: +3945672
SMS text:
Testo del Messaggio

Email message: permette di inserire un indirizzo email, l’oggetto e il messaggio da inviare all’utente. Questo contenuto può essere utilizzato ad esempio per facilitare la richiesta di informazioni su un particolare prodotto esposto in vetrina o su un cartellone pubblicitario.

Email Message
Email Address:
Email Subject:
Email Body:

Contact details (vCard or meCard): permette di inserire i dati di contatto come nome, cognome, indirizzo, numero telefonico, email, azienda ecc. In questo caso l'utente dopo la scansione potrà automaticamente salvare tutti i dati di contatto direttamente nella rubrica del proprio dispositivo. Un esempio di applicazione è sui biglietti da visita così da permettere l'utilizzo immediato dei dati di contatto stampati su un supporto fisico.

Google Maps Location: permette di inserire le coordinate GPS di un luogo specifico in modo che l'utente dopo la scansione possa aprire direttamente il navigatore satellitare presente sul proprio dispositivo e impostare la navigazione in modo da raggiungere il luogo desiderato. Come vedi in figura, per scegliere il luogo desiderato basta inserire l'indirizzo, ad esempio: Piazza del Duomo, Milano (come in figura), cliccare su *Search* e automaticamente il tool ti suggerirà l'indirizzo presente su Google Maps.

Come vedi, anche in questo caso, come per website URL, sotto la mappa c'è la casellina *Shorten map URL* che ti permette di generare un URL breve, proprio perché di norma gli URL di Google Maps sono molto lunghi.

A profile in the social networks: permette di inserire il collegamento a un profilo utente su un social network. Come vedi in figura, i social network disponibili sono tutti i più conosciuti: Facebook, Twitter, LinkedIn, YouTube e tanti altri. Basta inserire il nome utente che utilizzi su un social network, cliccare sul logo del social network che ti interessa e automaticamente verrà generato il codice che riporta al profilo utente desiderato. Ad esempio per Facebook, come vedi nell'immagine qui sotto, inserendo come nome utente "NomeUtente" l'URL generato sarà: http://www.facebook.com/NomeUtente.

Questo contenuto è utile quando vuoi far aumentare il tuo network di relazioni o quello dei tuoi clienti.

Update Twitter status: permette di inserire lo status che vuoi far comparire sul profilo Twitter dell'utente. Questo contenuto può essere utile per far condividere un codice coupon scrivendo nel box "Condivido il Coupon #335-SCONTO-20 dello store MyStore". In questo caso tutti i follower dell'utente vedranno il codice sconto e il nome dello store su cui utilizzarlo. Questo contenuto è indicato per attivare campagne di viral marketing per diffondere le promozioni in corso.

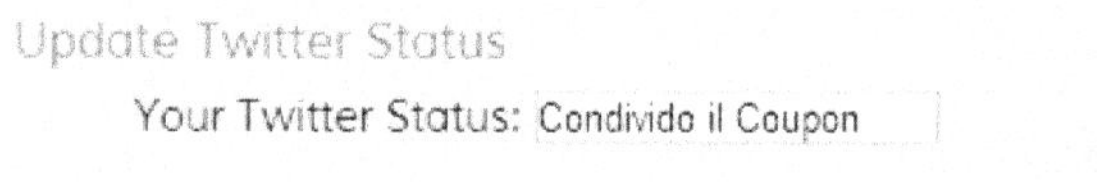

Update Twitter Status

Your Twitter Status: Condivido il Coupon

Gli altri contenuti sono più particolari e non sono molto importanti per le attività che potrai svolgere con i QR Code. In ogni caso li ripeto di seguito per completezza:

- YouTube video for iPhone;
- iTunes application link;
- Android market link;
- Android Wi-Fi network;
- BlackBerry Messanger PIN.

SEGRETO n. 9: quando crei i QR Code per le tue campagne di marketing scegli attentamente il tipo di contenuto da inserire nel QR Code in base all'azione che vuoi far compiere agli utenti.

Come modificare l'aspetto del QR Code

Ora passiamo ad analizzare la parte del QR Code Generator che possiamo definire un po' più tecnica, indicata dall'area B. Fino ad ora abbiamo utilizzato le impostazioni predefinite che vedi in figura. Andiamo però ad analizzare il significato di tali impostazioni.

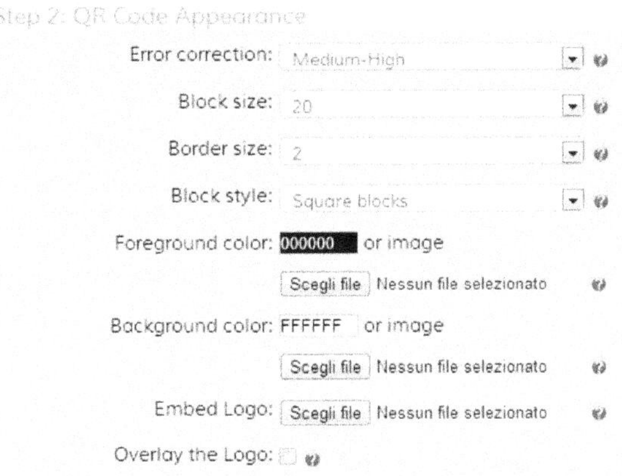

Error correction: anche nota come capacità di correzione di errore. Questa caratteristica può essere considerata come la capacità di un QR Code di correggere gli errori per garantire la leggibilità sui simboli parzialmente danneggiati, ad esempio a causa dell'usura dei supporti su cui sono stampati i codici. Da notare che maggiore è il livello di correzione dell'errore e maggiore sarà la dimensione del simbolo necessaria per codificare gli stessi dati. I codici QR sono fatti per durare nel tempo e sono soggetti a usura specialmente se incorporati in stampe, fotografie o comunque in documenti esposti al pubblico che non siano pagine web.

Nel caso invece che i QR Code siano incorporati in pagine web, la risoluzione alla quale vengono mostrati dipende dalla qualità dello schermo utilizzato. Per questo motivo nella generazione dei codici QR si è soliti adoperare una correzione di errore in funzione della destinazione del codice. La correzione è assicurata dall'uso dell'algoritmo di Reed-Solomon per la correzione degli errori, un processo matematico calcolato nella generazione del codice QR. In pratica questo algoritmo fornisce dei codici aggiuntivi che sono un backup (una copia) del codice QR originale.

Ci sono quattro livelli di correzione di errore possibili che possono essere usati per i codici QR, ciascuno con differenti livelli di protezione o di ridondanza dei dati in esso contenuto, in maniera da sopperire ai diversi usi e ai possibili livelli di danneggiamento che il codice può subire a causa del tempo o dell'ubicazione:

- livello L (low o basso): protegge fino al 7% di danneggiamento;
- livello M (medium-low o medio): protegge fino al 15% di danneggiamento;
- livello Q (medium-high quality o medio-alto): protegge fino al 25% di danneggiamento;
- livello H (high o alto): protegge fino al 30% di danneggiamento.

Nel menu a tendina che vedi in figura è possibile selezionare uno dei quattro livelli di correzione d'errore.

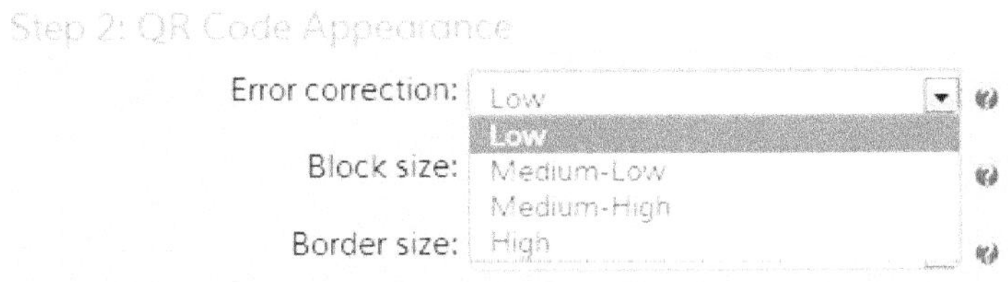

Perciò quando si deve utilizzare un QR Code bisogna tenere in considerazione che:

- maggiore correzione di errore corrisponde a una maggior durata e affidabilità nel tempo del codice, da utilizzare per stampe e ambienti pubblici piuttosto che in ambienti industriali, per stampe di grandi dimensioni – livello Q e H;
- minore correzione di errore per stampe di piccole dimensioni, per il web o applicazioni multimediali o in ambienti dove il livello di danneggiamento può essere minimo – livello L e M.

SEGRETO n. 10: i QR Code possono resistere a danneggiamento o usura grazie alla capacità di correzione di errore o *error correction.* Scegli uno tra i quattro livelli di correzione (L, M, Q, H) in base al supporto su cui deve essere inserito il QR Code.

Block size: è la dimensione espressa in pixel dei singoli quadrati che compongono il QR Code e va da 1 a 20.

Border size: è lo spazio che c'è tra il QR Code e la fine dell'immagine misurata in numero di quadrati (block size).

Block style: permette di modificare la forma dei blocchi del codice che possono essere squadrati o arrotondati. Puoi scegliere tra *square*, *rounded* o *circular* come vedi in figura.

Square blocks

Rounded blocks

Circular blocks

Foreground color: permette di scegliere il colore dei blocchi che compongono il QR Code. Ad esempio scegliamo il blu usando il comodo selettore di colori.

Background color: permette di scegliere il colore di sfondo del QR Code. Ad esempio scegliamo l'arancione.

Altra utile opzione è la possibilità di integrare un'immagine sia all'interno del codice sia come sfondo. Mi riferisco alle opzioni mostrate in figura:

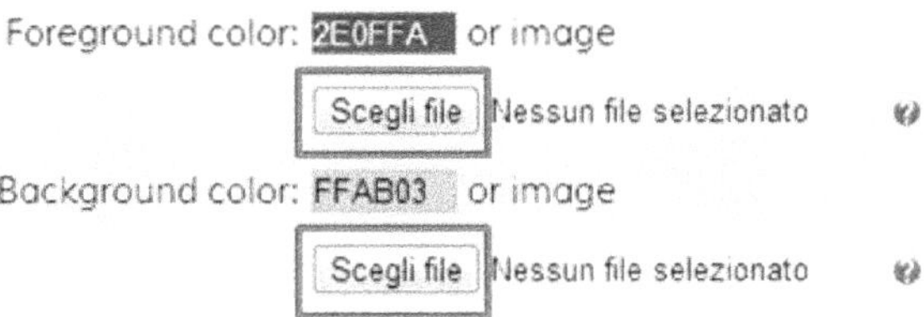

La possibilità di scegliere l'arrotondamento o meno del codice, il colore sia del codice sia dello sfondo e le immagini personalizzate ti permette di creare tante combinazioni per rendere i QR Code più accattivanti per le tue campagne di marketing, ma soprattutto li puoi uniformare con i colori del brand dei tuoi clienti.

Attenzione, però: dopo aver scelto i colori controlla sempre che il codice sia leggibile facendo alcuni test di scansione perché è necessario che tra il colore di sfondo (background) e quello del codice (foreground) ci sia un sufficiente livello di contrasto.

SEGRETO n. 11: alcuni generatori di QR Code ti permettono di personalizzare con colori e immagini i codici così da renderli più belli e adatti al brand dei tuoi clienti. Fai attenzione a verificare che l'aspetto grafico dei QR Code non renda il codice inutilizzabile.

Embed logo: questa opzione ti permette di integrare il tuo logo o quello dei tuoi clienti all'interno dei QR Code. Questo tipo di personalizzazione può spesso favorire il gradimento dei clienti perché evidenzia il brand dell'azienda e quindi rende la campagna di marketing meno anonima.

Embed Logo: Scegli file Logo1.png
Overlay the Logo:

Basta che selezioni l'immagine del logo che intendi inserire nel QR Code e otterrai un risultato simile al seguente:

Overlay the logo: questo parametro ti permette di eliminare lo spazio vuoto che viene generato automaticamente intorno al logo che hai inserito. Selezionando questa opzione ottieni questo risultato:

Ora sta a te, in base al logo e al risultato grafico che intendi ottenere, scegliere se usare o meno l'opzione *Overlay the logo*.

Format: l'ultima opzione che analizziamo, ma di certo non meno importante, è quella del formato di immagine che possiamo generare. Come vedi dalla figura seguente è possibile effettuare il download di svariati formati di immagine:

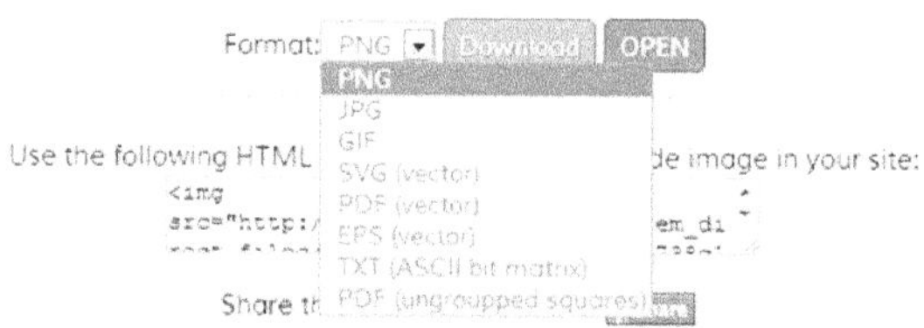

Ecco i formati a disposizione: PNG, JPG, GIF, SVG, PDF, EPS, TXT.

Non tutti i formati sono disponibili per gli utenti non abbonati, ma quelli disponibili sono più che sufficienti per le attività che dovrai svolgere. I formati free sono PNG, JPG, GIF. Per quanto riguarda gli altri ti segnalo i formati vettoriali PDF ed EPS. Questi due formati possono essere molto utili nel momento in cui il tipo di personalizzazione dei QR Code che intendi eseguire diventa più spinta e prevede l'uso di software di grafica vettoriale come la suite di Adobe. Altrimenti le opzioni che hai a disposizione con il tool di Azonmedia sono più che sufficienti per personalizzare i tuoi QR Code. Una volta selezionato il formato immagine che preferisci, basta cliccare sul pulsante *Download* per scaricare direttamente sul tuo PC il QR Code che vedi sullo schermo.

Per completare la descrizione del tool ti mostro un esempio di un QR Code personalizzato così da farti vedere concretamente il livello di personalizzazione che puoi raggiungere con questo strumento free.

QR Code Originale QR Code Personalizzato

Quello che ti ho appena mostrato è solo uno dei possibili tool di generazione di QR Code, ma potrai sceglierne uno tu in base alle tue esigenze o al tuo gusto. Di seguito trovi una lista di generatori di QR Code free online che puoi provare e testare per scegliere quello che trovi più adatto alle tue necessità:

1. http://keremerkan.net/qr-code-and-2d-code-generator/ (permette il download di formati vettoriali);
2. http://www.esponce.com (permette il download di formati vettoriali);
3. http://www.qrstuff.com/.

Adesso che hai imparato come generare i tuoi QR Code puoi salvare sul tuo PC le immagini contenenti i codici e integrare i QR Code sui supporti fisici che userai per progettare le campagne di marketing tue e dei tuoi clienti.

Generatori di QR Code installabili

Per completezza ti informo che oltre agli strumenti online esistono anche dei software installabili sul PC che ti permettono di generare i QR Code anche in modalità offline. Anche in questo caso ne puoi trovare svariati, sia free sia a pagamento. Te ne cito due che puoi approfondire direttamente sui rispettivi siti:

1. Quantum QR Code Generator (free);
2. QR Producer (a pagamento).

SEGRETO n. 12: per generare i QR Code puoi utilizzare sia

strumenti free online sia installabili. Scegli in base alle tue esigenze la tipologia di strumento più adatta.

Come testare i tuoi QR Code

Uno degli errori maggiori che si può fare quando si creano codici QR per le campagne di marketing è non verificare che essi funzionino come ci si aspetta. Per questo è importante verificare che i QR Code vengano letti facilmente, testandoli in due fasi:

1. su più dispositivi come iPhone, iPad, smartphone e tablet con sistema operativo Android e cellulari BlackBerry;
2. con più applicazioni QR Code scanner installate sui vari dispositivi.

Queste verifiche ti daranno la sufficiente sicurezza che la maggior parte degli utenti sarà in grado di effettuare le scansioni dei QR Code correttamente. Questi test conviene farli sia in fase di generazione del QR Code tramite PC, quindi effettuando le scansioni direttamente sullo schermo del PC, sia in una fase di pre-stampa. È consigliabile quindi, prima di stampare i codici su tutto il materiale di marketing, fare delle stampe di prova, possibilmente sullo stesso materiale che verrà utilizzato nelle campagne di marketing effettive, ed effettuare nuovamente i test ripercorrendo le due fasi descritte prima. Nel prossimo capitolo vedremo alcuni importanti accorgimenti per rendere efficaci le campagne di marketing con i QR Code in base al luogo fisico dei codici.

SEGRETO n. 13: una volta generati i QR Code devi testarli in due fasi: su più dispositivi come iPhone, iPad, smartphone e tablet; con diverse applicazioni QR Code Scanner.

RIEPILOGO DEL CAPITOLO 2:

- SEGRETO n. 6: Mantieni il contenuto inserito nel QR Code più breve possibile, non oltre i venti caratteri, per rendere la scansione più semplice e veloce da parte degli utenti.
- SEGRETO n. 7: Per generare i QR Code puoi utilizzare dei tool gratuiti sul web. Basta cercare "QR Code Generator" su qualsiasi un motore di ricerca per ottenere tanti risultati utili.
- SEGRETO n. 8: Alcuni QR Code generator come Azonmedia permettono di generare short URL, ovvero URL più brevi per rendere la scansione del codice più semplice e per effettuare il tracking dei codici.
- SEGRETO n. 9: Quando crei i QR Code per le tue campagne di marketing scegli attentamente il tipo di contenuto da inserire nel QR Code in base all'azione che vuoi far compiere agli utenti.
- SEGRETO n. 10: I QR Code possono resistere a danneggiamento o usura grazie alla capacità di correzione di errore o *error correction*. Scegli uno tra i quattro livelli di correzione (L, M, Q, H) in base al supporto su cui deve essere inserito il QR Code.

- SEGRETO n. 11: Alcuni generatori di QR Code ti permettono di personalizzare con colori e immagini i codici così da renderli più belli e adatti al brand dei tuoi clienti. Fai attenzione a verificare che l'aspetto grafico dei QR Code non renda il codice inutilizzabile.
- SEGRETO n. 12: Per generare i QR Code puoi utilizzare sia strumenti free online sia installabili. Scegli in base alle tue esigenze la tipologia di strumento più adatta.
- SEGRETO n. 13: Una volta generati i QR Code devi testarli in due fasi: su più dispositivi come iPhone, iPad, smartphone e tablet; con diverse applicazioni QR Code Scanner.

CAPITOLO 3:
Dove usare i QR Code

In questo capitolo scoprirai dove puoi posizionare i QR Code per progettare le tue campagne di marketing e come puoi integrare i codici all'interno di materiale promozionale. Per prima cosa vediamo quali possono essere alcuni supporti su cui inserire i codici per avviare le campagne di mobile marketing. Uno dei vantaggi dei codici QR è proprio la semplicità e la versatilità, caratteristiche perfette per incorporarli in molti supporti fisici. Ecco alcuni esempi:

- depliant, volantini, brochure, cataloghi: per offrire dei coupon di sconto o informazioni addizionali sui prodotti;
- scontrini e fatture: ottimo modo per indirizzare i clienti su siti di recensioni per aumentare il numero di recensioni online;
- riviste e giornali: per indirizzare il lettore su landing page con iscrizione a newsletter o fornire contenuti multimediali aggiuntivi;

- t-shirt e indumenti vari: per incrementare la visibilità del brand oppure per fornire informazioni di contatto;
- braccialetti e altri accessori: per fornire informazioni sui prossimi eventi o dare la possibilità di vedere il programma della giornata ad esempio durante un evento;
- cartelloni pubblicitari: per indirizzare gli utenti su siti mobile dell'azienda;
- biglietti da visita: per far aggiungere direttamente nella rubrica del cellulare le informazioni di contatto;
- vetrine dei negozi: per permettere l'acquisto di oggetti direttamente dal cellulare per poi farseli recapitare a casa;
- fiancate di camion, autobus, automobili: per avviare una telefonata al servizio clienti;
- all'interno dei negozi, sugli scaffali: per fornire maggiori dettagli informativi ai clienti che sono presenti nel negozio;
- in TV: per rendere interattivi i programmi televisivi;
- siti web: per inserire informazioni direttamente sul cellulare come per esempio un evento sul calendario dello smartphone;
- menu di ristoranti, pizzerie e pub: per offrire sconti o coupon utilizzabili le volte successive che si va nel locale;

- manifesti politici: per indirizzare al proprio programma politico o a videomessaggi;
- punti di interesse, monumenti, musei: per fornire audio guide direttamente sul cellulare o per dare altri contenuti multimediali;
- sul curriculum: per indirizzare l'esaminatore sul proprio video CV o per permettere di salvare i propri contatti in rubrica;
- su bottiglie di vino, olio e birra: per fornire informazioni sul prodotto che si sta consumando o che si vuole acquistare;
- su tutto ciò che la tua fantasia può immaginare.

SEGRETO n. 14: i QR Code possono essere inseriti in tanti luoghi e su svariati supporti fisici. Ogni luogo e supporto fisico è adatto per alcune specifiche tipologie di campagne di marketing.

Come integrare i QR Code nel materiale promozionale

Ora vediamo come si possono integrare i QR Code nel materiale da utilizzare per creare le tue campagne di marketing. Iniziamo analizzando cinque semplici regole per utilizzare al meglio i QR Code per progettare campagne di marketing.

1. Il contenuto deve essere premiante: questo vale soprattutto quando il mezzo di comunicazione è innovativo come lo sono i codici QR. Non bisogna mai costringere l'utente a installare un software aggiuntivo sui propri dispositivi mobili per utilizzare contenuti per nulla accattivanti!
2. Il contenuto deve acquisire valore aggiunto dal mezzo utilizzato: anziché strappare una pagina pubblicitaria per conservare un'informazione o prendere nota di una promozione su un foglietto, al cliente basterà un click del telefono per assicurarsi l'offerta promozionale.
3. Adeguare la tecnologia al target: questo vale per tutte le soluzioni di comunicazione digitale. Prima di usare un mezzo bisogna chiedersi quale parte e quanta parte degli utenti target di riferimento lo usa.
4. Farsi promotori dell'innovazione tecnologica: dato che l'utilizzo della tecnologia è uno strumento per accrescere il valore dei contenuti e delle relazioni, bisogna dedicare del tempo a promuovere e facilitarne l'adozione, per esempio facendo conoscere cosa sono e come funzionano i QR Code alle persone che frequentiamo.

5. Prima di iniziare, darsi degli obiettivi: la tecnologia può servire a diversi obiettivi strategici che vanno suddivisi in base ai gruppi di interlocutori, interni ed esterni, e che vanno perseguiti con un mix adeguato di soluzioni e strumenti.

È quindi facile capire come il QR Code possa stringere una forte relazione tra offline e online. Basta un semplice click per raggiungere il contenuto sponsorizzato nel QR Code, che sia un prodotto o una pagina informativa. Considerando inoltre che il mobile sta prendendo sempre più piede e che il futuro del web si sta muovendo verso i dispositivi portatili, il QR Code permette di arrivare anche a potenziali clienti che in quel momento non sono connessi sul web con i classici PC.

SEGRETO n. 15: i QR Code creano una forte relazione tra il mondo offline e quello online, aprendo nuove opportunità di raggiungere utenti connessi al web tramite dispositivi mobili.

Come scegliere il contenuto adatto per i QR Code

Di seguito trovi alcune parole chiave sui contenuti da veicolare con uno strumento come i QR Code:

- **personalizzazione**: creare siti web usabili anche per i telefonini e i tablet;
- **promozione**: inserire il QR Code ovunque ci sia un motivo per esserci come annunci di giornale, cartelloni per strada, volantini, biglietti da visita e altre tipologie di materiali;
- **semplicità**: usare il QR Code come coupon per distribuire e diffondere le iniziative promozionali;
- **riciclo**: attenzione a ciò che si scrive nel QR Code poiché una volta stampato non può essere modificato. Per questo motivo conviene spesso utilizzare un link dinamico il cui funzionamento sarà illustrato meglio nel capitolo successivo quando si parlerà di short URL e tracking.

Dalle varie esperienze che ho maturato applicando i QR Code a campagne di marketing ho sintetizzato una formula che serve ad aumentare le probabilità di creare una campagna di QR Code marketing di successo:

Luogo + Contenuto + Utente = Successo!

Questa formula indica che il successo è dato dal mix di:

- **luogo**: ovvero il posto dove è posizionato il QR Code (su un volantino, su uno scontrino, sulla tovaglietta di carta di un pub ecc.);
- **contenuto**: il contenuto cui punta il QR Code, che può essere una landing page con un coupon, un buono sconto, un video dimostrativo di un prodotto, il menu con i piatti del giorno, una galleria fotografia (per esempio di un luogo da visitare);
- **utente**: ovvero il target di persone che effettua la scansione del QR Code. Questo parametro non è sempre programmabile in quanto l'audience che può utilizzare il QR Code è imprevedibile, per tale motivo è importante prefigurare la tipologia di utenza per cui è stata ideata la campagna in modo da massimizzare le probabilità di successo quando questa categoria prescelta effettua la scansione.

Facciamo un esempio pratico:

- **luogo**: tovaglietta di carta sul tavolo di un pub;
- **contenuto**: sconto del 30% su una cena nelle serate di minor affluenza del pub;
- **utente**: abituali frequentatori di pub.

In questo caso il cliente del pub che effettua la scansione può usufruire di questo sconto. In tal caso il successo è doppio, in quanto il cliente del pub ottiene uno sconto e il gestore del pub, che in questo caso è un tuo cliente, può essere più sicuro di riempire il locale in quelle sere in cui altrimenti avrebbe meno clienti. Di certo i clienti del pub saranno maggiormente invogliati sia a tornare al pub sia a parlare ad altri di questa vantaggiosa offerta portando così ulteriori clienti al gestore del locale.

Pensa invece se il QR Code che si trova sulla tovaglietta conducesse semplicemente al sito del pub senza dare un valore aggiunto. Se il QR Code è graficamente accattivante i clienti verrebbero attirati e farebbero la prima scansione, ma poi dopo pochi secondi abbandonerebbero la navigazione da cellulare perché poco motivati. Figuriamoci poi se il sito non fosse nemmeno ottimizzato per dispositivi mobile: il tempo di navigazione sarebbe davvero bassissimo e soprattutto non ci sarebbe il passaparola che tanto potrebbe giovare al gestore del pub.

Dopo questo esempio spero che ti sia più chiaro come sia meglio ideare le campagne di marketing con QR Code da proporre alla tua clientela, adattandole di volta in volta alle esigenze dei tuoi clienti. Stai pur certo che adottando queste logiche win-win, cioè con cui sia il tuo cliente sia i suoi clienti ottengono dei benefici, le probabilità di successo aumentano enormemente.

SEGRETO n. 16: la formula per ideare campagne di QR Code marketing di successo è: Luogo + Contenuto + Utente = Successo!

Come integrare i codici in materiale promozionale

Vediamo ora un esempio di come si possa integrare un QR Code in un volantino. Supponiamo di voler creare un volantino per l'inaugurazione di uno nuovo ristorante giapponese che chiamiamo ad esempio Sakura Japanese Food. Ecco di seguito i passi da fare per creare un volantino con QR Code che sia efficace:

1. scegli l'azione che vuoi far compiere a chi legge il volantino. Nel nostro caso l'utente inserisce nome ed email per ricevere un coupon sconto nella propria casella di posta elettronica;

2. scegli un template di volantino che sia in linea con il brand della tua attività o di quella dei tuoi clienti. Nel nostro caso il template potrebbe essere il seguente:

3. scegli il contenuto da inserire nel QR Code in base all'azione che si vuole far compiere a chi fa la scansione. Nel nostro caso una landing page mobile friendly, cioè adatta per essere visualizzata su dispositivi mobile, che contenga un semplice modulo per l'inserimento di nome ed email. Ecco di seguito come potrebbe essere la tua mobile landing page:

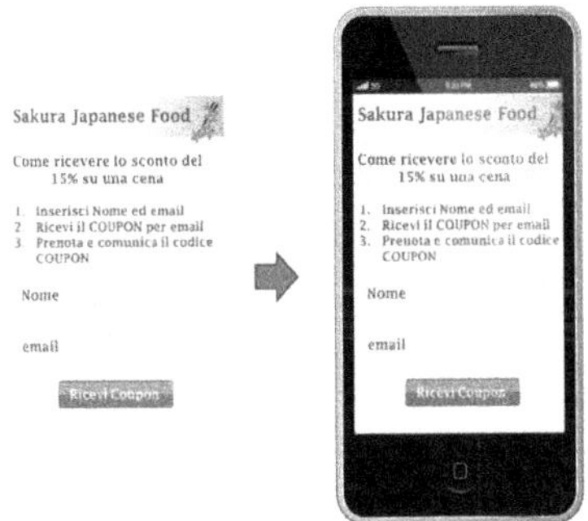

4. genera il QR Code con il contenuto scelto (nel caso nostro la URL della landing page) e salva l'immagine del QR Code generato;
5. usa un semplice programma di grafica, ad esempio GIMP (free) www.gimp.org o Microsoft Paint (presente in tutte le versioni di Windows) per inserire l'immagine del QR Code nel volantino che hai scelto;
6. inserisci brevi istruzioni su come usare il codice QR e qual è il vantaggio di farlo (es. "Fai la scansione del codice e ricevi uno sconto del 15% per una cena");
7. stampa il volantino;
8. testa il volantino con uno o più smartphone.

Ecco come potrebbe apparire il risultato finale del tuo volantino:

Fai la Scansione del QR Code e ricevi
uno sconto del 15% per una cena

Indirizzo, Città - Tel. 123-456-789

Oltre che su volantini puoi stampare i QR Code su altri supporti fisici. Un'idea originale è di integrare i codici nelle T-shirt. Ci sono siti che offrono T-shirt con disegni già pronti in cui è inserito il QR Code. In tal caso puoi inserire il tuo contenuto all'interno del codice, altrimenti alcuni siti danno la possibilità di realizzare un disegno in linea con la tua campagna di marketing. Ti segnalo questo sito da cui puoi prendere spunti per realizzare le tue T-shirt: www.qreativeshirt.com.

SEGRETO n. 17: puoi inserire i QR Code all'interno di materiale promozionale utilizzando solo strumenti di grafica gratuiti come GIMP o Microsoft Paint.

Accorgimenti per rendere efficace il materiale con QR Code

Quando inserisci i QR Code sul materiale di marketing è bene tener presente alcuni accorgimenti che renderanno le tue campagne di marketing efficaci:

- contrasto tra QR Code e lo sfondo: quando si crea un QR Code, il contrasto tra la parte di codifica e lo sfondo deve essere elevato per permettere al dispositivo che effettua la scansione di leggere agevolmente il codice. Di seguito un esempio di un QR Code con un buon livello di contrasto e uno con un basso livello di contrasto:

NO!
Troppo poco contrasto

OK!
Buon livello di contrasto

- dimensioni del QR Code: come già accennato in precedenza, non c'è una regola precisa sulle dimensioni da utilizzare per un QR Code, ma è bene mantenere una dimensione minima di almeno quattro centimetri di lato;
- zona circostante (*quiet zone*) libera: quando si integrano i QR Code in un motivo grafico come un depliant, un manifesto pubblicitario o un volantino, è probabile che vicino al QR Code ci siano delle scritte o delle immagini. È importante che ci sia un contorno del QR Code bianco o comunque chiaro, per permettere la scansione del codice. In pratica attorno al codice dovrebbe esserci una specie di cornice. Di seguito trovi un esempio per capire meglio quello che intendo:

NO!
Zona circostante troppo piccola

OK!
Buon livello di zona circostante

- attenzione alle superfici riflettenti: quando si inseriscono i QR Code su supporti con superfici lucide o parzialmente riflettenti, come ad esempio riviste con pagine patinate o manifesti con un vetro davanti, c'è il rischio che il lettore di QR Code venga "abbagliato" da riflessi ottici. Purtroppo non c'è una soluzione definitiva a questo problema se non utilizzare un materiale non riflettente. È possibile mitigare questo problema aumentando le dimensioni del QR Code.

SEGRETO n. 18: quando inserisci i QR Code nel materiale promozionale fai attenzione a: contrasto tra QR Code e lo sfondo, dimensioni del QR Code, zona circostante libera, superfici riflettenti.

RIEPILOGO DEL CAPITOLO 3:

- SEGRETO n. 14: I QR Code possono essere inseriti in tanti luoghi e su svariati supporti fisici. Ogni luogo e supporto fisico è adatto per alcune specifiche tipologie di campagne di marketing.
- SEGRETO n. 15: I QR Code creano una forte relazione tra il mondo offline e quello online, aprendo nuove opportunità di raggiungere utenti connessi al web tramite dispositivi mobili.
- SEGRETO n. 16: La formula per ideare campagne di QR Code marketing di successo è: Luogo + Contenuto + Utente = Successo!
- SEGRETO n. 17: Puoi inserire i QR Code all'interno di materiale promozionale utilizzando solo strumenti di grafica gratuiti come GIMP o Microsoft Paint.
- SEGRETO n. 18: Quando inserisci i QR Code nel materiale promozionale fai attenzione a: contrasto tra QR Code e lo sfondo, dimensioni del QR Code, zona circostante libera, superfici riflettenti.

CAPITOLO 4:
Come fare il tracking dei codici

Perché fare il tracking dei QR Code

L'operazione di tracking dei QR Code serve per verificare l'efficacia delle campagne di marketing in modo da monitorare le statistiche di accesso ai QR Code e verificare quale sia il ritorno di investimento per te stesso o per i tuoi clienti. Ci sono due ragioni principali per fare il tracking dei QR Code:

1. giustificare i pagamenti mensili che chiedi ai tuoi clienti;
2. contattare mensilmente i clienti per comunicare l'andamento delle campagne in modo da poter periodicamente proporre ulteriori servizi da vendere.

Come fornire il tracking dei QR Code ai propri clienti

Una volta impostata la campagna di marketing per i tuoi clienti utilizzando i tool di tracking è importante generare dei report periodici che informino i clienti sull'andamento delle loro campagne. Questo serve sia per mantenere il contatto con i clienti, sia per eventualmente vendere ulteriori servizi in base all'andamento delle campagne. I formati in cui puoi inviare i report sono vari. Per cominciare ti consiglio di creare i report in maniera semplice utilizzando ad esempio un foglio elettronico Excel, un documento Word o un PDF in cui riporti il nome e i risultati della campagna di marketing. Alcuni dati che puoi indicare nel documento sono il numero di accessi, i tipi di dispositivi, il tipo di azione effettuata dagli utenti, il tasso di conversione di acquisti online ecc.

Anche per i report è importante capire quali siano i dati di interesse per i vari clienti, in modo da mostrare gli andamenti delle campagne in base alle loro necessità. Eventualmente è possibile concordare con i clienti stessi il tipo di informazioni a cui sono maggiormente interessati. In alternativa potresti anche creare dei report in formato HTML da integrare direttamente nel corpo di un'email, come se fosse una newsletter periodica, contenente il report del tracking.

SEGRETO n. 19: inviare il report delle statistiche di tracking serve per giustificare i pagamenti mensili che chiedi ai tuoi clienti e per mantenere un contatto con questi ultimi per offrire servizi aggiuntivi.

Tool per il QR Code tracking

Per effettuare il tracking dei QR Code puoi utilizzare varie tipologie di tool. Ne esistono sia free sia a pagamento, ovviamente con funzionalità differenti. Per iniziare a fornire i tuoi servizi puoi adottare uno degli strumenti gratuiti disponibili in rete. Quando avrai raggiunto un buon parco clienti, potresti utilizzare una suite completa di QR Code tracking a pagamento integrata con il generatore di QR Code.

Di seguito ti mostro due soluzioni che ti permettono di fare il tracking facilmente e in maniera gratuita. La prima è più immediata e con meno funzionalità, la seconda invece è una vera e propria soluzione completa con cui gestire le tue campagne di marketing con i QR Code. Questi tool sono strumenti che permettono sia di generare short URL, che hai già conosciuto quando abbiamo parlato del generatore di QR Code, sia di tracciare gli accessi a queste URL. Ecco i due tool free che tra poco conoscerai:

1. goo.gl: è il servizio di Google che permette sia di creare degli short link che di tracciarli;
2. qrcs.biz: è una suite di generazione e tracking dei QR Code completa, che permette di creare campagne di marketing e di rendere i QR Code graficamente accattivanti.

La grande differenza a livello di funzionalità tra URL shortener (goo.gl) e sistemi di tracking associato a un QR Code generator (qrcs.biz), è che con i primi è possibile tracciare solo URL mentre nel secondo caso è possibile tracciare qualsiasi contenuto come vCard, numeri di telefono, SMS ecc. Nel caso tu decida di utilizzare sistemi di URL shortener per effettuare il tracking dei codici QR è necessario effettuare i seguenti passi:

1. scegliere la URL a cui far puntare il QR Code;
2. creare una short URL con un tool free (es. goo.gl);
3. generare il QR Code che contenga la short URL.

Tracking con Goo.gl

Vediamo ora in pratica come puoi utilizzare Goo.gl per tracciare un QR Code. Per utilizzare efficacemente questo servizio è necessario che tu abbia un account Google. Ti evidenzio alcuni vantaggi di questo servizio free:

- affidabile;
- mostra statistiche real time a livello di ore, giorni, settimane e mesi basandosi sui sistemi di Google Analytics;
- ha statistiche pubbliche.

Lo svantaggio è che una volta associata una short URL a un tuo indirizzo web non è più possibile modificarla. Questo implica che quando stampi il QR Code che contiene la short URL questo punterà sempre alla stessa pagina web. Con la soluzione mostrata successivamente (qrcs.biz) è invece possibile modificare il contenuto di ogni short URL creata. In tal modo ogni QR Code può essere riutilizzato per nuove campagne di marketing senza dover ristampare ogni volta il materiale promozionale. Come anticipato, per utilizzare appieno le funzionalità di goo.gl è necessario avere un account Google. Se ancora non ne hai uno, vai a questo link dove puoi creare un account gratuito:

https://accounts.google.com. Ecco i passi per generare una URL tracciabile con Goo.gl:

1. vai su http://goo.gl;
2. inserisci nell'apposito spazio l'URL a cui vuoi far puntare il QR Code;

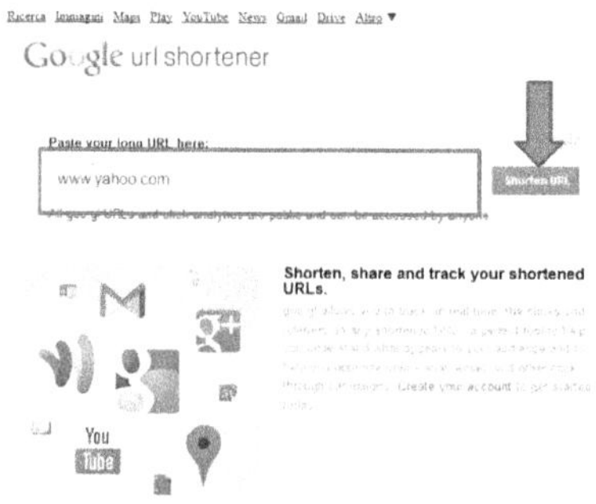

3. clicca sul pulsante *Shorten URL*;

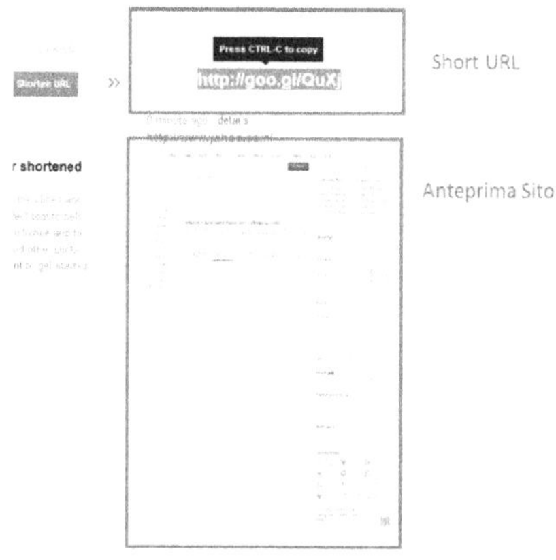

4. per vedere le statistiche basta cliccare su *Details*;

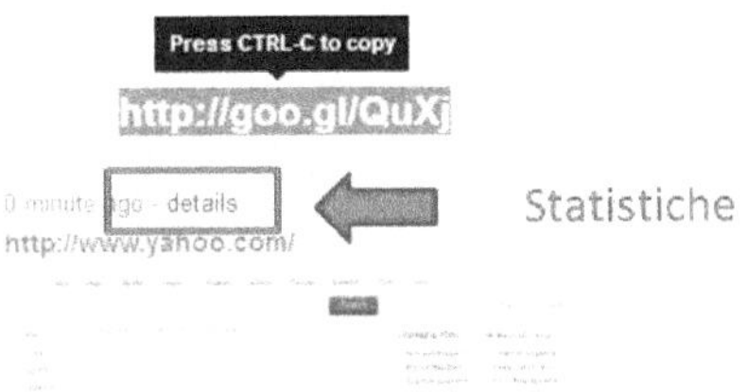

5. ora puoi consultare le statistiche di accesso alla short URL come mostrato nella figura:

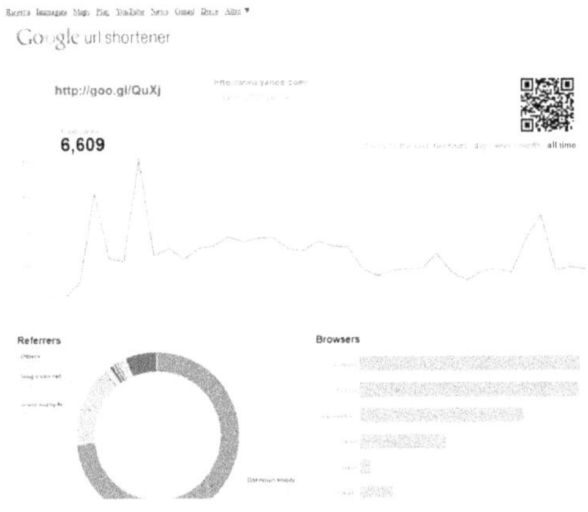

Come puoi vedere questo strumento che Google mette a disposizione è davvero molto utile e potente. Per mantenere traccia delle proprie URL generate basta effettuare l'accesso con il tuo account Google e potrai rivedere in ogni momento la lista di link generata con la possibilità di accedere alle statistiche di ogni URL. Ecco come si presenta il pannello di controllo delle tue URL:

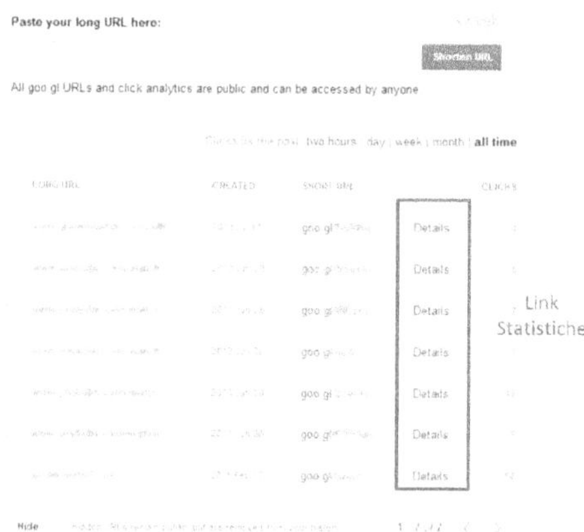

Ora che sai come creare URL tracciabili puoi inserirle facilmente nei tuoi QR Code. Basta copiare la short URL generata, come nel nostro esempio:

e inserirla in un QR Code generator a tua scelta, come ad esempio quello di azonmedia.com.

Ora hai il tuo QR Code tracciabile:

SEGRETO n. 20: per effettuare il tracking dei QR Code puoi sfruttare le potenzialità di Google Analytics utilizzando il tool

gratuito Goo.gl.

Un completo tool di marketing con QR Code: qrcs.biz

In questo paragrafo ti mostro un tool online davvero molto potente che ti permette di gestire completamente le tue campagne di marketing. Le principali funzionalità di questo tool sono:

- creare e gestire le short URL;
- generare QR Code adatti alla stampa;
- personalizzare i QR Code sia nei colori sia nella forma;
- tracciare i QR Code;
- generare grafici delle statistiche di accesso ai QR Code.

Come già anticipato, un grande vantaggio è dato dalla possibilità di modificare il contenuto dei QR Code ogni volta che lo desideri. Questo ti permette di riutilizzare i QR Code che hai stampato variandone il contenuto. Vediamo ora come funziona questo completo tool. Per prima cosa registrati gratuitamente sul sito http://www.qrcs.biz.

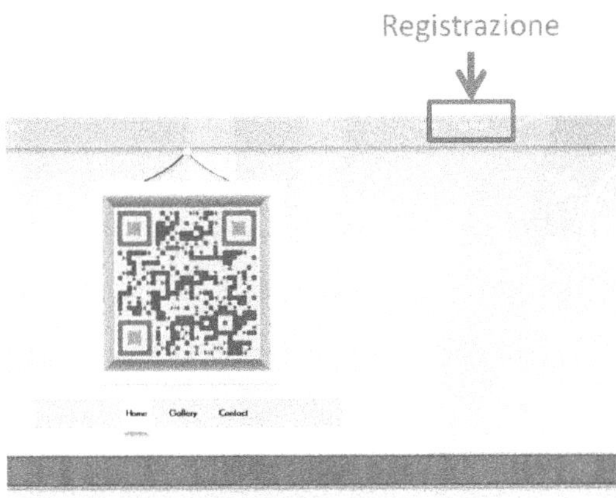

Ora effettua il login e accedi al QR Code generator cliccando su *QR Generator* come mostrato in figura.

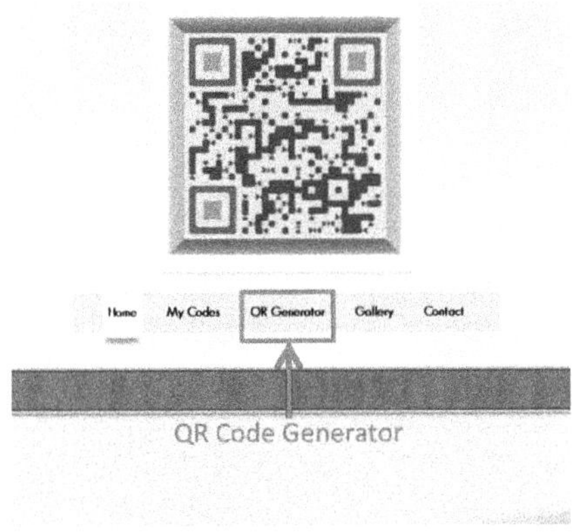

Come puoi vedere hai a disposizione varie tipologie di contenuti che puoi inserire nel QR Code. Questa volta hai il vantaggio di poter tracciare anche contenuti che normalmente sono statici come testo, numero telefonico, SMS. Questo perché il tool è in grado di tracciare gli accessi agli short URL che puntano al contenuto finale, cioè quello che verrà mostrato agli utenti. Per esempio nel caso di contenuto di tipo text puoi inserire il testo da mostrare a chi effettua la scansione e il tool genera una pagina adattata per dispositivi mobili con il testo inserito.

Tornando al generatore di QR Code come vedi in figura, puoi inserire il nome del QR Code, ovvero il nome della campagna di marketing associata al QR Code, e il contenuto del QR Code. Questa funzionalità è molto utile per organizzare le varie campagne di marketing.

Nell'esempio il nome della campagna è "Campagna Coupon 1" mentre il testo è "Codice Coupon: XMAS2013". Questa è la pagina mobile che mostra il testo quando viene effettuata la scansione:

Cliccando su *Save* potrai passare alla fase di personalizzazione del QR Code. Un intuitivo pannello di controllo, mostrato in figura, ti permette di personalizzare sia la forma che i colori del QR Code come meglio ritieni.

Gli elementi che puoi personalizzare sono davvero tanti e la cosa davvero interessante è che puoi modificare sia il colore sia la forma degli elementi che compongono il codice. Le opzioni a disposizione sono:

- *background color & logo*: ti permette di modificare il colore di sfondo e di caricare un'immagine (per esempio un logo) all'interno del QR Code;
- *frame shapes*: modifica i tre quadrati esterni del QR Code;
- *frame marker*: modifica i tre quadrati interni del QR Code;
- *body dots*: modifica i quadratini che formano il contenuto del QR Code.

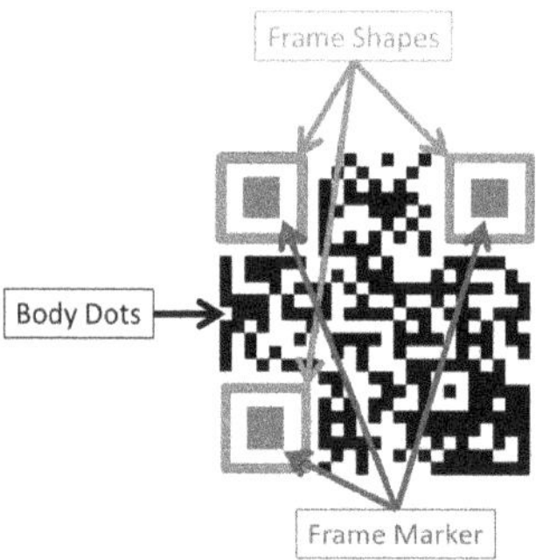

Basta cliccare sulla forma desiderata e le modifiche vengono applicate automaticamente. Le possibilità di personalizzazione che questo tool mette a disposizione sono davvero tante e per avere un'idea di quanto possa essere modificato un QR Code guarda il confronto nella figura successiva.

Prima Dopo

Il tool inoltre ti mette a disposizione anche una prima verifica per aiutarti a capire immediatamente se le modifiche grafiche fatte al QR Code possano renderlo non leggibile. Sopra al QR Code puoi vedere due tipi di messaggio:

QR code is readable!

QR seems to be unreadable! Please make sure using your mobile scanner

Il primo messaggio indica che il QR Code è leggibile, mentre il secondo avverte che il codice potrebbe non essere leggibile e suggerisce di provare a effettuare la scansione. In entrambi i casi una volta che hai terminato le modifiche del codice fai i consueti test per verificare che effettivamente il QR Code sia leggibile dagli smartphone e tablet. Ad ogni modifica che viene fatta, il QR Code viene automaticamente salvato. Ora clicca sulla voce di menu *My Codes* e accederai al pannello principale dove puoi rivedere tutti i dettagli dei QR Code che hai generato (nome, tipo, immagine, accessi).

Da questa schermata hai la possibilità anche di verificare quante scansioni (*Hits*) sono state fatte ad ogni QR Code e tenere quindi sotto controllo l'andamento delle tue campagne di marketing. Questa sezione del tool è molto importante perché ti permette di gestire tutti i QR Code. Le azioni che puoi effettuare da questa schermata sono:

- modificare l'aspetto grafico;
- modificare il contenuto;
- vedere le statistiche dettagliate;
- eliminare il QR Code (fai attenzione a non eliminare i codici per sbaglio).

Puoi eseguire queste azioni cliccando sulle icone che vedi a destra dei codici, come illustrato in figura:

Cliccando sul pulsante *Stats* (statistiche) puoi visualizzare il grafico delle scansioni relativamente al periodo di tuo interesse: in basso trovi i dettagli dei dispositivi che hanno effettuato la scansione. Ecco come appare il grafico delle statistiche:

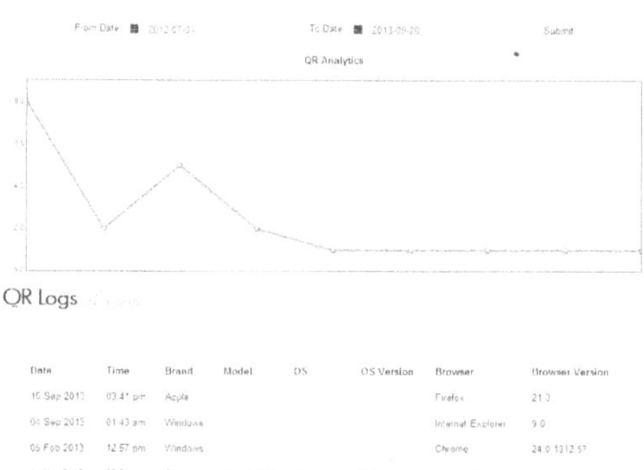

Questa funzionalità è molto utile perché puoi utilizzare i grafici generati automaticamente per creare i report periodici da mostrare ai tuoi clienti. Inoltre hai la possibilità di effettuare il download dell'immagine dei QR Code in varie dimensioni:

Ti consiglio di utilizzare il formato extra large così quando viene stampato il QR Code su materiale pubblicitario la risoluzione grafica resta elevata. In conclusione questo tool ti permette di avere una suite completa per gestire tutti gli aspetti fondamentali delle tue campagne di marketing con i QR Code:

- creare i QR Code con le principali tipologie di contenuto;
- rendere graficamente accattivanti i QR Code;
- fare il tracking dei QR Code;
- modificare i contenuti dei QR Code creati.

Come forse avrai notato il generatore di QR Code di questo tool non permette di modificare alcuni parametri di codifica come la correzione d'errore o la zona circostante al QR Code. Il motivo è che questo strumento è stato realizzato proprio per progettare campagne di marketing e quindi il codice che viene generato è già al massimo della correzione d'errore (H) e ha preimpostata la zona di sicurezza in modo tale che i QR Code siano facilmente leggibili dai dispositivi mobili. Una volta che hai fatto un po' di esperienza nel generare i QR Code questo tool potrebbe davvero essere il tuo strumento principale per gestire al meglio i servizi di markcting chc offri ai tuoi clicnti.

SEGRETO n. 21: per gestire le tue campagne marketing in

tutti i loro aspetti, come generazione, personalizzazione e tracking di QR Code, puoi utilizzare il tool gratuito qrcs.biz.

Tool di tracking avanzati

Oltre ai tool gratuiti illustrati esistono degli strumenti a pagamento che permettono di creare QR Code e tracciarli direttamente utilizzando lo stesso software di generazione dei codici. Anche azonmobile.com, il generatore di QR Code illustrato in questo corso, permette di tracciare i QR Code, ma solo utilizzando un abbonamento Premium a pagamento. Quando la tua attività sarà diventata sostanziosa con un certo numero di clienti, allora potrai valutare l'ipotesi di acquistare un abbonamento a pagamento per rendere il tuo servizio di marketing ancora più professionale.

Software avanzato installabile sul tuo sito

Oltre ai tool presenti online puoi anche decidere di costruire un tuo sito in cui generare e tracciare i QR Code acquistando alcuni tool installabili. Per illustrare il funzionamento di questi tool servirebbe un corso a parte: per questo motivo te ne indico uno in modo che tu possa conoscerlo e quindi avere una panoramica più completa su quali siano gli strumenti disponibili e scegliere quelli più adatti alle tue esigenze. Ecco uno dei tool più utilizzati: http://www.ventipix.com/.

Questo tipo di soluzione è consigliato per chi abbia un po' di dimestichezza con la gestione di siti web o per chi abbia intenzione di investire chiedendo la consulenza di un web designer per farsi creare il proprio sito di QR Code tracking.

RIEPILOGO DEL CAPITOLO 4:

- SEGRETO n. 19: Inviare il report delle statistiche di tracking serve per giustificare i pagamenti mensili che chiedi ai tuoi clienti e per mantenere un contatto con questi ultimi per offrire servizi aggiuntivi.
- SEGRETO n. 20: Per effettuare il tracking dei QR Code puoi sfruttare le potenzialità di Google Analytics utilizzando il tool gratuito Goo.gl.
- SEGRETO n. 21: Per gestire le tue campagne marketing in tutti i loro aspetti, come generazione, personalizzazione e tracking di QR Code, puoi utilizzare il tool gratuito qrcs.biz.

CAPITOLO 5:
Come creare contenuti mobile

Perché rendere i contenuti mobile

Affinché una campagna di QR Code marketing sia davvero efficace, è fondamentale che i contenuti cui si rimandano gli utenti siano fruibili facilmente su dispositivi mobili. Questo significa che i contenuti cui puntano i codici QR devono essere *mobile friendly*. Esistono molti modi per creare contenuti compatibili con dispositivi mobili e anche i costi di tali soluzioni variano notevolmente in base alla complessità della soluzione che sceglierai. Si va da soluzioni totalmente gratuite, che vedremo a breve, fino a soluzioni del valore di migliaia di euro (ad esempio i siti di *mobile banking*).

Quali sono i contenuti cui conviene far puntare i QR Code

Per rendere l'esperienza degli utenti dei QR Code interessante e coinvolgente è importante scegliere il tipo di contenuto cui far puntare i codici QR. Tra i contenuti che puoi scegliere ci sono:

- form di registrazione;
- pagine web illustrative di prodotti/servizi;
- video;
- contenuti audio;
- download di PDF;
- pagine di acquisto/pagamento (es. con PayPal o carte di credito);
- form di prenotazione.

Come rendere i contenuti mobile gratuitamente

Un ottimo strumento gratuito che ti permette di creare e gestire i tuoi contenuti web è WordPress, noto CMS, che permette di creare siti web e blog in pochi semplici passi. Questo strumento permette di adattare i contenuti web in formato accessibile tramite dispositivi mobili grazie ad alcuni plugin chiamati **WP Touch** e **WordPress Mobile Pack**.

Ecco i riferimenti dove puoi trovare gli strumenti citati:

- WordPress;
- WP Touch (plugin);
- WordPress Mobile Pack (plugin).

Entrambi i plugin sono molto validi quindi ti consiglio di valutare quale possa fare al caso tuo.

SEGRETO n. 22: per creare e gestire contenuti web mobile friendly puoi utilizzare strumenti gratuiti come WordPress e alcuni plugin come WP Touch e WordPress Mobile Pack.

Ti segnalo anche un'altra risorsa molto utile per creare autonomamente pagine mobile friendly semplici. Si tratta di QR Mobilize, uno strumento free che ti permette di creare pagine mobile con cui fare eseguire agli utenti che fanno la scansione dei QR Code le seguenti azioni:

- inviare un'email;
- effettuare una telefonata;
- inviare un SMS;
- visitare un sito internet.

Ecco come si presenta il pannello di controllo di QR Mobilize con un esempio di pagina web creata per una pizzeria:

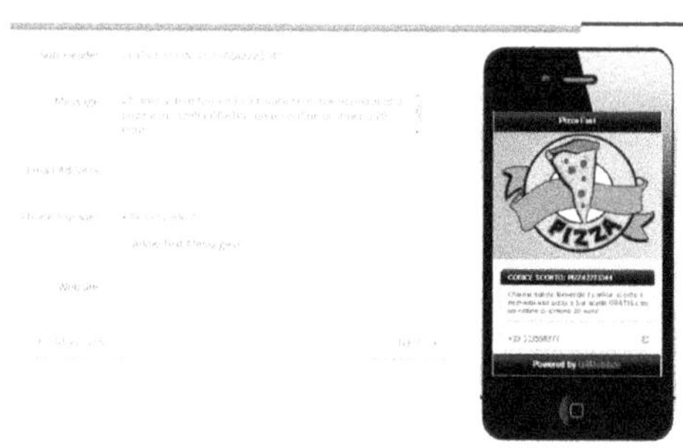

Nel caso tu non fossi interessato a creare contenuti mobile autonomamente con WordPress o QR Mobilize puoi sempre collaborare con un web designer che ti potrà supportare creando contenuti mobile *ad hoc* per te o per i tuoi clienti. Prima di scegliere quale soluzione (free o a pagamento) sia la più giusta per te, valuta le tue effettive esigenze. Considera che nel web esistono già molte soluzioni che ti permettono di creare contenuti mobile gratuitamente. Di seguito ti elenco alcune tipologie di contenuti che puoi creare e le rispettive risorse free che puoi utilizzare:

- video: YouTube;
- gallerie di immagini: Flickr;
- registration form: JotForm, EmailMeForm.

SEGRETO n. 23: esistono molte risorse online gratuite che puoi utilizzare per creare contenuti mobile friendly, come YouTube per i video, Flickr per le gallerie di immagini, JotForm o EmailMeForm per i form di registrazione.

Consigli per creare una mobile landing page efficace

Ora ti riporto alcune indicazioni che possano aiutarti a creare landing page efficaci:

- **mantienila semplice**: tu conosci cosa sta cercando la maggior parte degli utenti, quindi fornisci loro solo le informazioni di cui hanno bisogno. La tua pagina deve essere semplice da navigare e *touch friendly*, ovvero con bottoni adeguatamente grandi per essere cliccati facilmente da uno smartphone o da un tablet. La tua landing page mobile dovrebbe anche includere un logo;
- **usa una *call to action* chiara e concisa**: esprimi chiaramente cosa vuoi che gli utenti facciano e dichiara esattamente cosa riceveranno in cambio. Se l'utente non sperimenta un'immediata gratificazione lascerà il tuo sito molto velocemente;

- **non sovraccaricarla di dati**: non è necessario inserire tutte le informazioni presenti su un sito internet per PC su uno mobile. Chi consulta le pagine da mobile ha bisogno di poche informazioni mirate;
- **inserisci il link al sito completo**: sarebbe conveniente inserire un link al sito completo, permettendo agli utenti che vogliono maggiori informazioni di consultare il sito da PC;
- **crea pagine leggere**: affinché gli utenti possano caricare rapidamente le pagine da smartphone inserisci immagini di piccole dimensioni, e solo quelle strettamente necessarie.

Vendere siti mobile come servizio aggiuntivo

A conclusione di questo capitolo ti svelo un segreto molto importante. Creare siti mobile o pagine mobile è da solo un ulteriore servizio che puoi offrire e quindi vendere ai tuoi clienti. Questo discorso vale sia per clienti che hanno già un sito internet, ma non mobile, sia per i clienti che non hanno un sito internet. Quindi quando valuti l'offerta da fare ai tuoi clienti tieni presente che potresti indicare come servizio aggiuntivo anche una versione *mobile* del loro sito internet che potrai realizzare con gli strumenti che ti ho illustrato in precedenza.

SEGRETO n. 24: oltre ai servizi di QR Code marketing puoi offrire ai tuoi clienti anche il servizio di creazione di un sito mobile o di creazione della versione mobile di un sito già esistente.

RIEPILOGO DEL CAPITOLO 5:

- SEGRETO n. 22: Per creare e gestire contenuti web mobile friendly puoi utilizzare strumenti gratuiti come WordPress e alcuni plugin come WP Touch e WordPress Mobile Pack.
- SEGRETO n. 23: Esistono molte risorse online gratuite che puoi utilizzare per creare contenuti mobile friendly, come YouTube per i video, Flickr per le gallerie di immagini, JotForm o EmailMeForm per i form di registrazione.
- SEGRETO n. 24: Oltre ai servizi di QR Code marketing puoi offrire ai tuoi clienti anche il servizio di creazione di un sito mobile o di creazione della versione mobile di un sito già esistente.

CAPITOLO 6:
Come vendere i QR Code

I benefici del QR Code marketing per i tuoi potenziali clienti

In questo capitolo vedremo come proporre i tuoi servizi di QR Code marketing ai tuoi clienti locali. Per prima cosa quando ti proponi ai clienti, sia che siano già tuoi o che siano nuovi, è necessario esplicitare quali sono i vantaggi delle campagne di marketing tramite QR Code. Ecco alcuni dei benefici che puoi esplicitare.

1) **Non è necessaria la ristampa**: uno dei più grandi problemi della pubblicità è il costo di pubblicazione e di stampa. Il costo di decine di migliaia di copie di una singola brochure è alto e quando le informazioni fondamentali cambiano è necessario ristampare il materiale. Lo stesso QR Code può essere usato per molteplici tipi di promozione poiché l'unica cosa che è necessario cambiare è la landing page mobile cui punta il codice. Per esempio puoi attivare una campagna di QR Code marketing e pubblicare il QR Code su una brochure o su un

biglietto da visita. Tre mesi dopo alcuni dettagli della tua campagna cambiano e invece di modificare le informazioni e ristampare le brochure è sufficiente che tu cambi la pagina mobile dove i clienti vengono indirizzati. Per i tuoi clienti questo significa un risparmio economico sulla stampa del materiale promozionale.

2) **Crescita esponenziale di possessori di smartphone**: è stato stimato che a oggi oltre l'80% della popolazione mondiale ha uno smartphone e almeno l'84% di essi utilizza il proprio dispositivo mobile per navigare in Internet ogni giorno. Questo implica che i potenziali utenti delle tue campagne di marketing sono davvero molti.
3) **Informazioni istantanee**: quando si distribuiscono brochure o volantini la raccolta di dati degli utenti è quasi impossibile a meno che non venga condotto un sondaggio subito dopo. Anche in questo caso i dati non sarebbero accurati. Con il QR Code marketing ogni accesso è tracciato in maniera dettagliata e i dati possono essere raccolti istantaneamente. Anche se un utente dovesse accedere dall'India tu lo sapresti immediatamente.

4) **Colmare il divario tra offline e online**: i QR Code sono un ottimo modo per collegare il materiale promozionale stampato con i contenuti multimediali online. Ad esempio le persone che trovano la pubblicità di un'azienda di web marketing su una rivista su cui è posizionato un QR Code con la frase "Fai la scansione del QR Code per vedere il video di come puoi raddoppiare le visite sul tuo sito web" possono direttamente interagire con i contenuti online dell'azienda dal proprio cellulare.
5) **Costruire una community**: puoi creare codici collegati al pulsante "like" di Facebook così che ad ogni scansione gli utenti possono aggiungere un like sulla Facebook page, aumentando così la tua reputazione sui social media.
6) **Intrigante**: le persone adorano scovare vantaggi extra facendo la scansione dei codici, come se fosse un mistero da scoprire. Ad esempio se stai facendo una pubblicità di un prodotto alimentare puoi inserire sulla confezione la frase "Fai la scansione del QR Code per scoprire idee per ricette semplici e veloci!".

7) **Costruire relazioni con i clienti**: molte attività commerciali si sforzano di far completare sondaggi ai propri clienti. Se i clienti ricevono il modulo per un sondaggio relativo a un prodotto all'interno del negozio per poi completarlo a casa, molto probabilmente non lo faranno mai. I QR Code danno la possibilità ai clienti di partecipare al sondaggio mentre attendono in fila per la cassa o mentre sono seduti al tavolo di un ristorante. Non dimenticarti però di esplicitare come i feedback dei clienti verranno utilizzati. Le persone vogliono che i propri commenti vengano seriamente tenuti in conto. Le piccole attività possono anche ottenere recensioni sui siti online. Molte aziende scelgono di offrire incentivi come omaggi o sconti speciali per chi scrive recensioni.
8) **Aumentare il traffico sul sito web o sul blog**: è sempre importante collocare i QR Code in luoghi comodi, così le persone avranno tempo per visitare i tuoi siti web o blog in tutta calma. Offri qualcosa di valore per i clienti e aumenterai il traffico come desiderato. Per esempio un ristorante potrebbe inserire un QR Code sul menu con informazioni nutrizionali relative ai propri piatti.

9) **Effettuare list building**: i QR Code permettono facilmente di costruire liste di distribuzione facendo registrare i propri clienti. Le newsletter permettono di restare connessi e di fornire maggiori dettagli su prodotti e servizi. In pratica le aziende possono costruire relazioni durature con i clienti aumentando le possibilità di avere ritorni dagli stessi.

10) **Sfruttare al massimo gli eventi**: durante gli eventi (expo, fiere, convegni) spesso i visitatori sono interessati ad avere maggiori dettagli su aziende, prodotti e servizi, ma poi gettano via il materiale promozionale dopo l'evento. Inserendo il QR Code su cartelloni, volantini o brochure è possibile ottenere immediatamente un riscontro dai visitatori dando loro la possibilità di richiedere informazioni aggiuntive in cambio ad esempio della sottoscrizione alla newsletter. In questo modo si massimizzano gli investimenti negli eventi.

SEGRETO n. 25: per vendere servizi con QR Code è necessario evidenziare ai clienti i benefici dei QR Code nelle campagne di marketing.

Personalizza l'offerta in base alla nicchia cui ti rivolgi

Quando proponi una soluzione di servizi basati sul QR Code marketing devi concentrarti su cosa sia veramente importante per i tuoi clienti. In questo modo scoprirai che i tuoi clienti saranno più propensi ad accettare una tua offerta.

Per aumentare la probabilità di successo nella vendita di servizi con QR Code, ma questo vale in generale per tutti i tipi di servizi, è necessario costruire una proposta che possa essere il più interessante possibile per i potenziali clienti. Per fare questo devi analizzare bene le tipologie di clienti o nicchie di mercato cui vuoi proporre i tuoi servizi. Come puoi ben immaginare offrire un servizio a un ristorante sarà ben diverso dal proporlo a un'officina meccanica o a uno studio di avvocati.

La cosa importante, quindi, è identificare i potenziali bisogni delle nicchie di clienti, selezionare i servizi che più si adattano alle loro esigenze e creare una presentazione/offerta adeguata. Quando proprio non si conoscono i bisogni potenziali dei clienti cui ci si rivolge, potrebbe essere utile fare una presentazione di alcuni servizi con QR Code generici e poi esplorare insieme al cliente quali potrebbero essere quelli di maggiore interesse. Attenzione, non è detto che i tuoi interlocutori sappiano già cosa sono e come funzionano i QR Code. Per prima cosa, quindi, è bene chiedere se conoscono questi codici e se li abbiano mai utilizzati in modo da sapere sin da subito il grado di conoscenza della tecnologia che si sta proponendo ai potenziali clienti.

SEGRETO n. 26: chiedi ai tuoi potenziali clienti se conoscono i QR Code e se li abbiano mai usati. Questo ti permette di sapere in anticipo il loro grado di conoscenza della tecnologia offerta nei tuoi servizi.

Come richiedere i pagamenti

Una volta che un tuo cliente abbia scelto quali servizi acquistare, puoi illustrare anche i dettagli per il tuo pagamento. Offrendo servizi di marketing con QR Code puoi chiedere due tipologie di pagamento:

1. pagamento iniziale: per la creazione della campagna di QR Code marketing, la progettazione del servizio, l'integrazione dei QR Code nel materiale promozionale ecc.;

2. pagamenti successivi periodici: ad esempio mensili per la consegna dei report di tracciamento campagne e ulteriore consulenza per la modifica delle campagne in corso.

Tutto ciò che non è compreso in queste tipologie di servizi deve essere valutato volta per volta (es. la creazione di un sito mobile).

SEGRETO n. 27: puoi richiedere due tipologie di pagamenti ai tuoi clienti: pagamento iniziale per la creazione del sistema di QR Code marketing e pagamenti periodici per la consegna dei report periodici.

Ora ti suggerisco alcune domande che puoi rivolgere ai tuoi clienti per capire meglio quali potrebbero essere le loro esigenze per creare delle campagne di marketing adatte a loro.

Questionario preliminare da porre ai clienti

1) Utilizzi o hai utilizzato materiale promozionale come volantini, brochure o altro?
2) Utilizzi coupon di sconto?
3) Se non utilizzi coupon hai in previsione di farlo?

4) Hai un sito internet della tua attività?
5) Se sì, per quali attività lo utilizzi?
    - fornire informazioni su prodotti e servizi;
    - e-commerce;
    - inviare newsletter;
    - illustrare promozioni (coupon, sconti);
    - altro (specificare);
6) Il tuo sito è ottimizzato per smartphone e tablet?
7) Hai una o più vetrine nel tuo negozio?
8) Sei presente su siti di recensioni online?
9) Sei presente sui social media? Se sì, quali?

Questo è solo uno spunto sulle domande da porre ai tuoi interlocutori, l'importante è cercare di valutare insieme le loro esigenze con lo scopo di progettare campagne di marketing che le possano soddisfare.

SEGRETO n. 28: prepara un questionario preliminare da porre ai tuoi clienti per evidenziare quali potrebbero essere le loro esigenze e quindi proporre i servizi di QR Code marketing più adatti.

Perché le aziende hanno bisogno dei QR Code

In questo periodo economico difficile molte aziende hanno bisogno di migliorare i propri affari e di rendere la loro pubblicità più efficace. I QR Code permettono proprio di avere un maggiore controllo sui risultati degli investimenti in pubblicità e di ottimizzare il contatto con i clienti. Questi due fattori possono essere proprio gli elementi fondamentali per fare la differenza nel business dei tuoi clienti.

RIEPILOGO DEL CAPITOLO 6:

- SEGRETO n. 25: Per vendere servizi con QR Code è necessario evidenziare ai clienti i benefici dei QR Code nelle campagne di marketing.
- SEGRETO n. 26: Chiedi ai tuoi potenziali clienti se conoscono i QR Code e se li abbiano mai usati. Questo ti permette di sapere in anticipo il loro grado di conoscenza della tecnologia offerta nei tuoi servizi.
- SEGRETO n. 27: Puoi richiedere due tipologie di pagamenti ai tuoi clienti: pagamento iniziale per la creazione del sistema di QR Code marketing e pagamenti periodici per la consegna dei report periodici.
- SEGRETO n. 28: Prepara un questionario preliminare da porre ai tuoi clienti per evidenziare quali potrebbero essere le loro esigenze e quindi proporre i servizi di QR Code marketing più adatti.

CAPITOLO 7:
Come evitare gli errori dei local marketer

Come dare valore ai tuoi clienti

Per rendere i tuoi clienti soddisfatti devi aiutarli a migliorare i propri guadagni. Questo è possibile solo se rendi efficaci i QR Code impostando le azioni adeguate.

SEGRETO n. 29: aiuta i tuoi clienti a migliorare i propri guadagni e li renderai soddisfatti dei tuoi servizi. In tal modo potrai continuare a proporre servizi sempre nuovi e di maggior valore.

Di seguito ti riporto una serie di consigli che potrai seguire per evitare gli errori più comuni dei local marketer e che ti faranno costruire campagne di QR Code marketing sempre più efficaci.

1) Accertati che la landing page cui puntano i QR Code sia mobile friendly. Questa è una delle maggiori cause di fallimento di campagne con i QR Code. Per fare ciò è

sufficiente che installi i plugin di WordPress o utilizzi i consigli che trovi all'interno di questo corso su come creare contenuti adatti per i dispositivi mobile.

2) Testa i QR Code su differenti tipologie di dispositivi, come iPhone, Android, BlackBerry, per essere certo che tutto funzioni correttamente. Tecnicamente i QR Code dovrebbero funzionare su tutti i dispositivi elencati, ma a volte possono esserci differenze su come viene fatta la scansione dai differenti smartphone. Dedicando alcuni minuti per la verifica puoi essere certo che tutto funzioni correttamente senza rischiare che i clienti restino delusi.

SEGRETO n. 30: assicurati che le landing page cui puntano i QR Code siano mobile friendly. Una volta generati i QR Code verifica su vari dispositivi, come iPhone, Android, BlackBerry, che la scansione sia effettuata correttamente e che le landing page siano correttamente visualizzate.

3) Mantieni brevi le URL a cui puntano i QR Code, perché questo riduce la probabilità di errore e massimizza il successo dei codici.

4) Alcuni generatori di QR Code permettono di scegliere la versione dei codici. Mantieni la versione dei QR Code sotto la quattro, ovvero con matrice 33x33 poiché su alcuni smartphone ci sono problemi di decodifica. Questi ultimi consigli servono per massimizzare la versatilità e l'uso dei QR Code ed evitare possibili imperfezioni. Immagina se il CEO dell'azienda cliente provasse il QR Code e questo non funzionasse... non sarebbe il massimo per te!
5) Durante la creazione di QR Code utilizza l'opzione di correzione di errore impostandola almeno ai livelli M (15%) o Q (25%). Questo permette agli smartphone di decodificare i codici anche se il materiale su cui sono stampati è stropicciato, sporco o se c'è un pezzo mancante (per esempio un volantino danneggiato).

SEGRETO n. 31: quando generi i QR Code che verranno stampati su supporti fisici imposta il livello di correzione di errore almeno a M (15%) o Q (25%) in modo tale che i codici possano essere decodificati anche da superfici stropicciate, sporche o parzialmente danneggiate.

6) Assicurati che il contenuto che viene mostrato alle persone sia davvero di valore per loro. I contenuti devono essere sia interessanti sia inerenti al luogo in cui è situato il QR Code. Questa accortezza ti servirà per ottenere buone risposte dagli utilizzatori di QR Code. È tuo compito aiutare le aziende per cui stai lavorando ad assicurarsi che vengano usati i contenuti giusti.

SEGRETO n. 32: segui alcune semplici regole elencate in questo corso per evitare gli errori più comuni dei local marketer e potrai creare campagne di QR Code marketing funzionanti ed efficaci.

RIEPILOGO DEL CAPITOLO 7:

- SEGRETO n. 29: Aiuta i tuoi clienti a migliorare i propri guadagni e li renderai soddisfatti dei tuoi servizi. In tal modo potrai continuare a proporre servizi sempre nuovi e di maggior valore.
- SEGRETO n. 30: Assicurati che le landing page cui puntano i QR Code siano mobile friendly. Una volta generati i QR Code verifica su vari dispositivi, come iPhone, Android, BlackBerry, che la scansione sia effettuata correttamente e che le landing page siano correttamente visualizzate.
- SEGRETO n. 31: Quando generi i QR Code che verranno stampati su supporti fisici imposta il livello di correzione di errore almeno a M (15%) o Q (25%) in modo tale che i codici possano essere decodificati anche da superfici stropicciate, sporche o parzialmente danneggiate.
- SEGRETO n. 32: Segui alcune semplici regole elencate in questo corso per evitare gli errori più comuni dei local marketer e potrai creare campagne di QR Code marketing funzionanti ed efficaci.

Conclusione

Complimenti! Se hai seguito passo dopo passo i vari capitoli mettendo in pratica tutti gli insegnamenti ora sei diventato “quasi” un esperto di QR Code e offline marketing. Sì, dico “quasi” perché ora sta a te la parte più importante e meno ovvia, cioè passare all’azione! Ora conosci tutti i segreti dei codici 2D, sai creare contenuti accattivanti per dispositivi mobili e conosci le migliori strategie per essere un local marketer.

Non ti resta che costruire la tua offerta di servizi, selezionare la tua nicchia di mercato, creare una presentazione *ad hoc* e contattare i potenziali clienti. Il mondo legato al QR Code marketing è solo all’inizio, soprattutto in Italia, ed è tutto da esplorare. Non aspettare e lanciati subito in questa nuova e stimolante avventura.

Come hai potuto vedere durante la lettura le combinazioni di servizi e luoghi, dove applicare i QR Code, sono davvero innumerevoli. Usa la tua creatività e di certo troverai sempre nuove applicazioni divertendoti a individuare di volta in volta nuovi servizi e soluzioni che possano soddisfare le esigenze dei tuoi clienti. Buona fortuna!

Italo Gison

www.ingramcontent.com/pod-product-compliance
Ingram Content Group UK Ltd.
Pitfield, Milton Keynes, MK11 3LW, UK
UKHW022017190726
13853UKWH00005B/1979